Zeichnungen

Gewidmet für W.K.

David

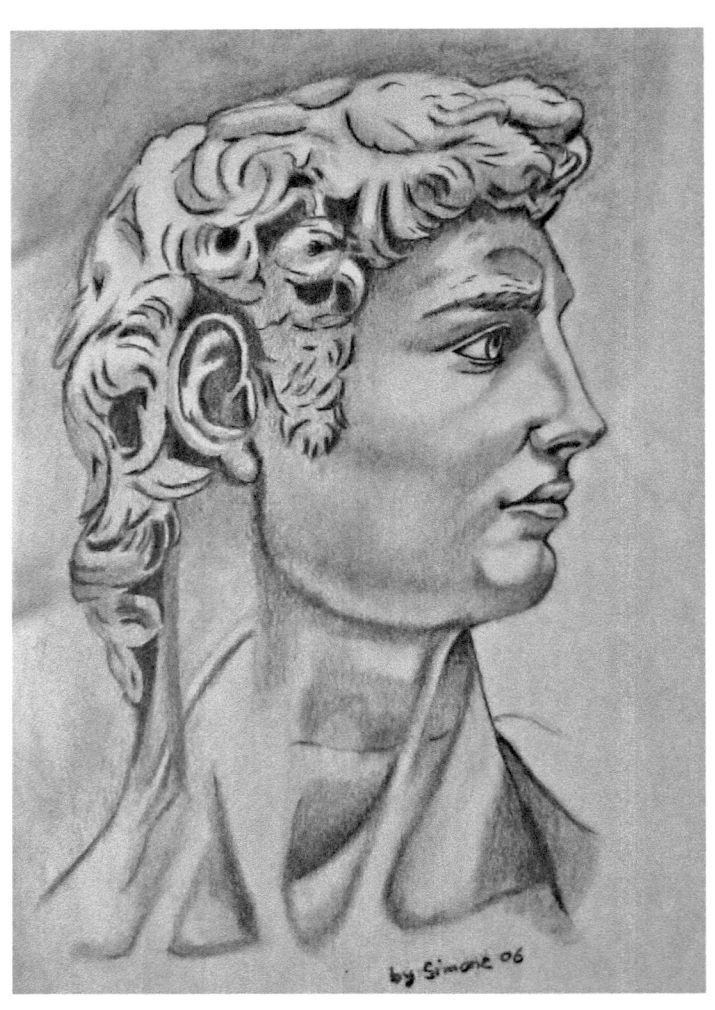

by Simone 06

Einsamer Junge

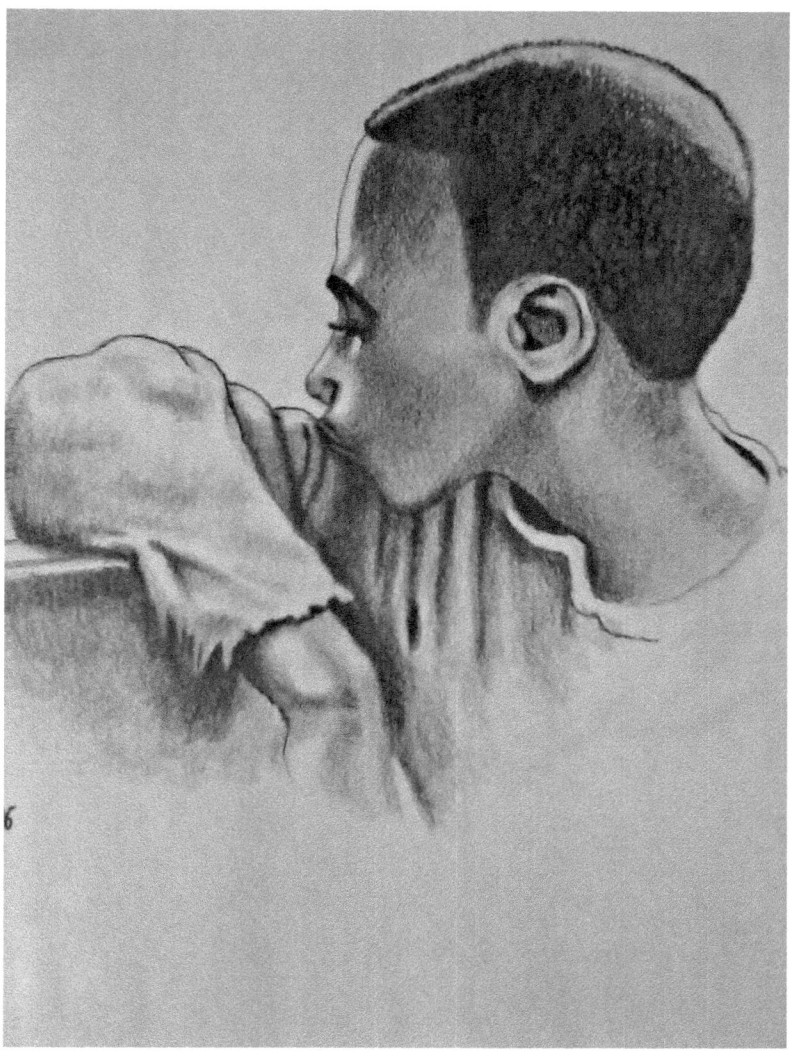

Mutterliebe

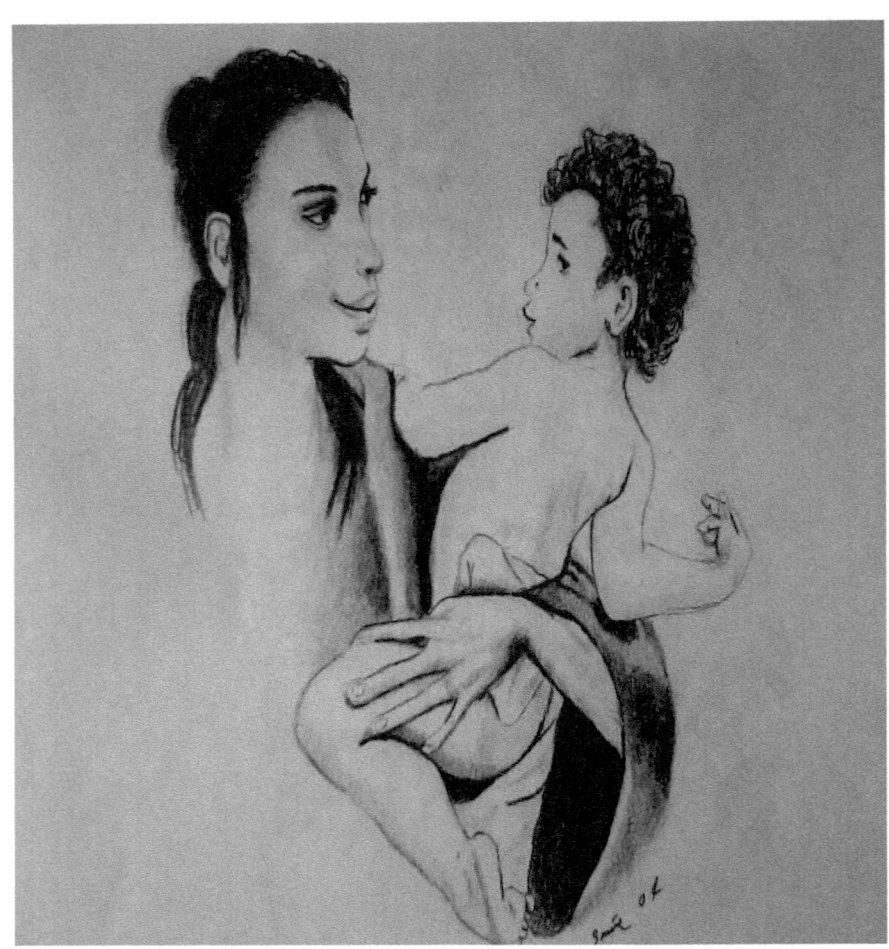

Baby

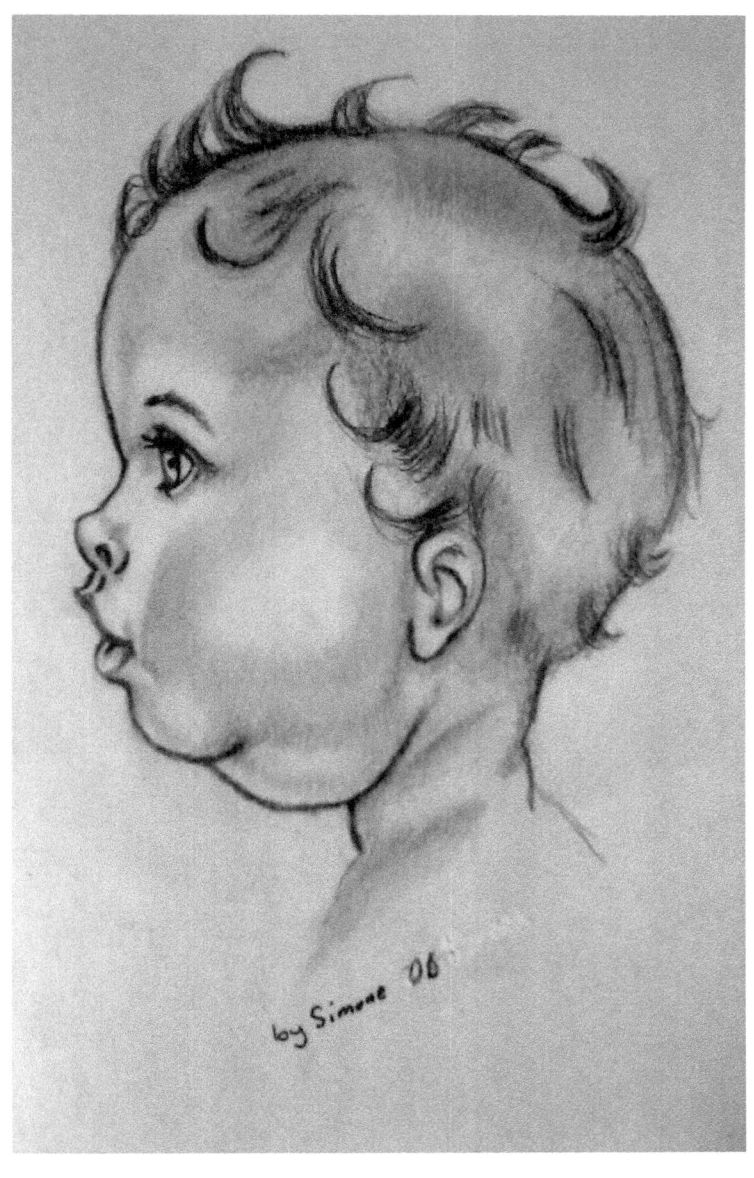

Der erste Schultag

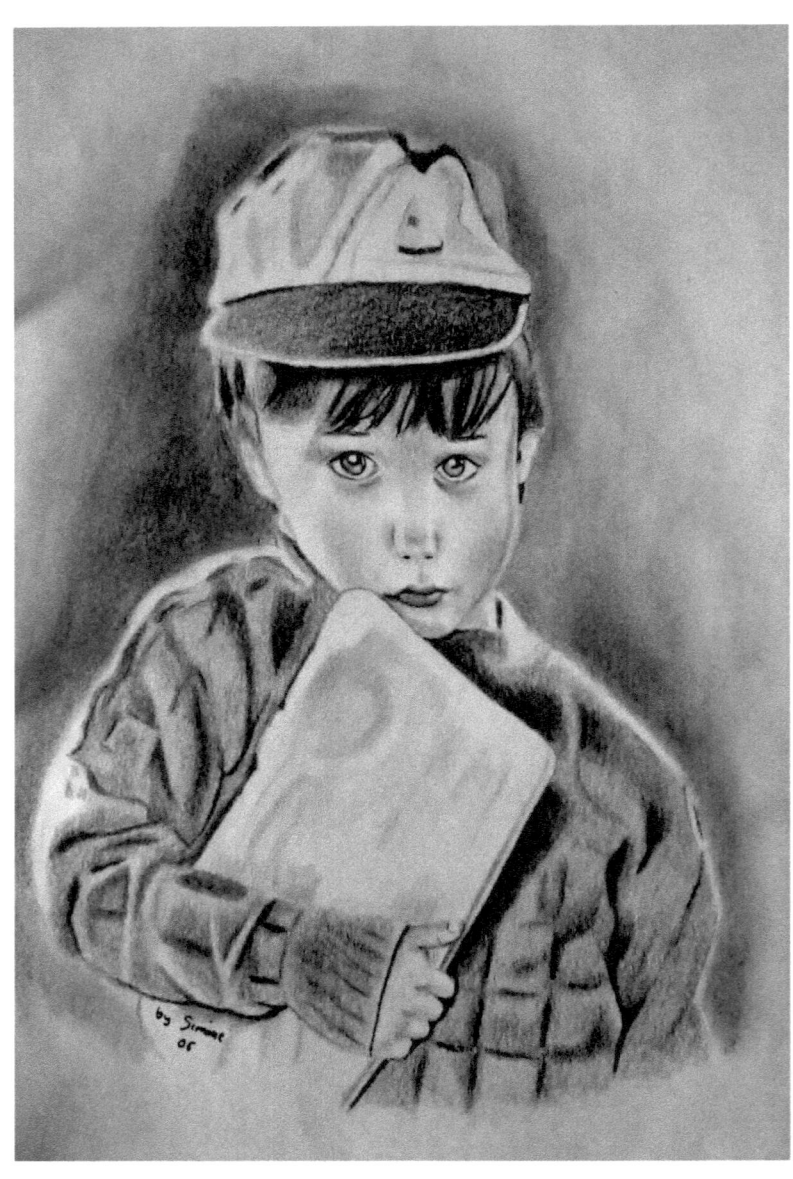

Junger Afrikaner

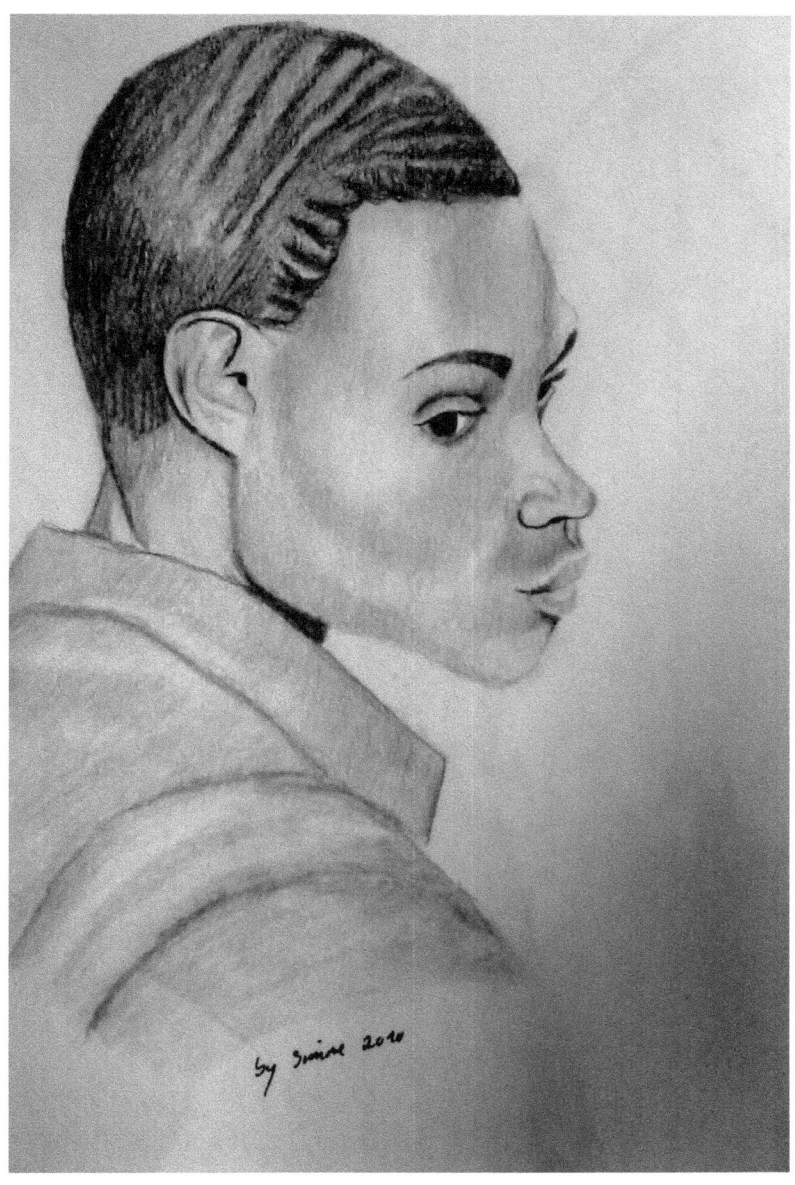

Sklave

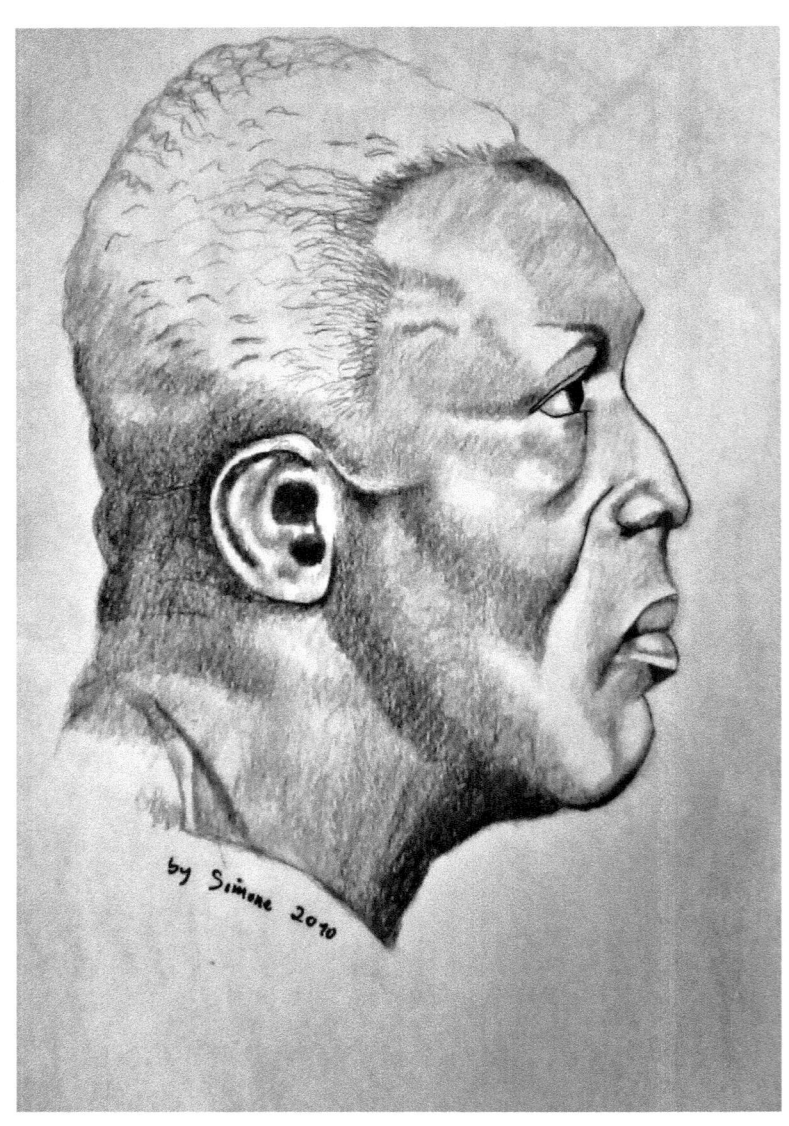

Kindheit

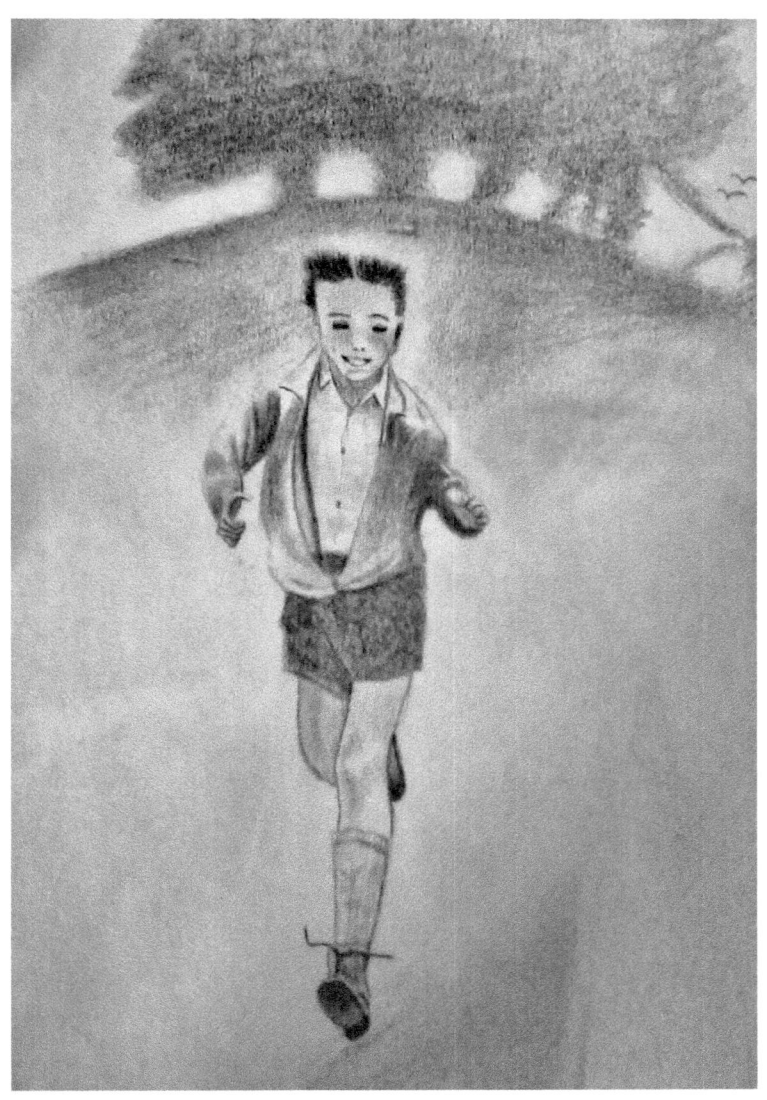

Das Auge

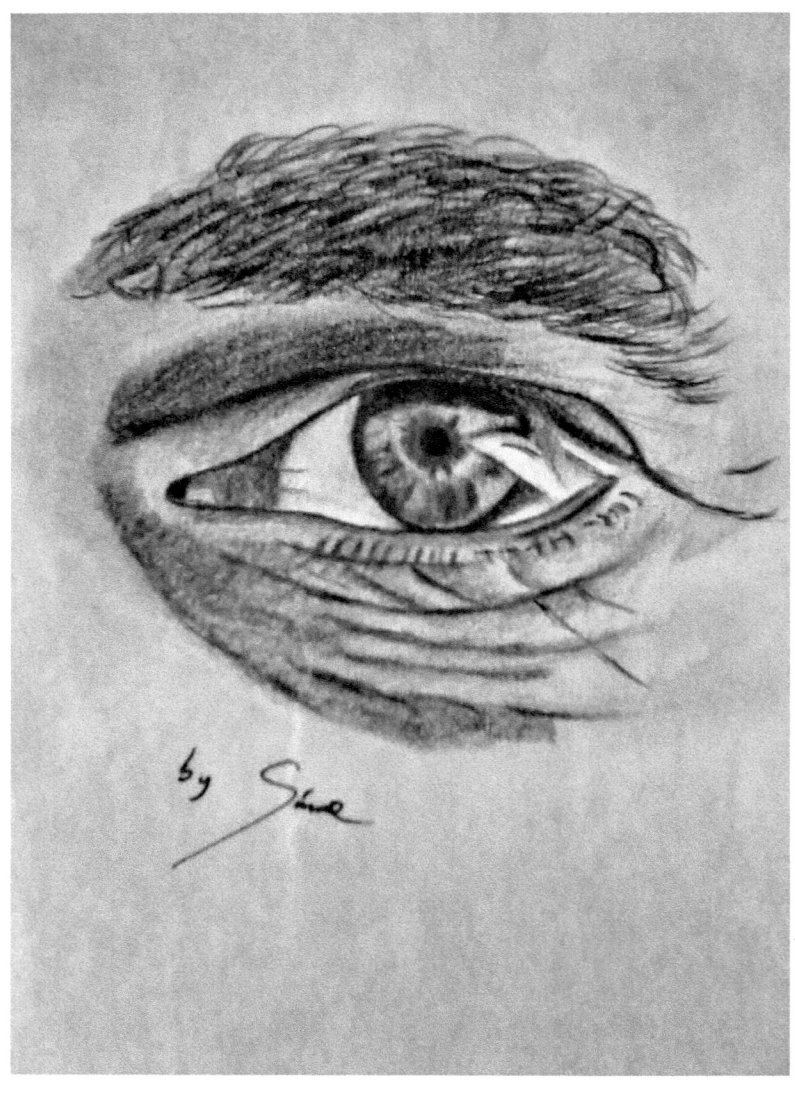

Boy

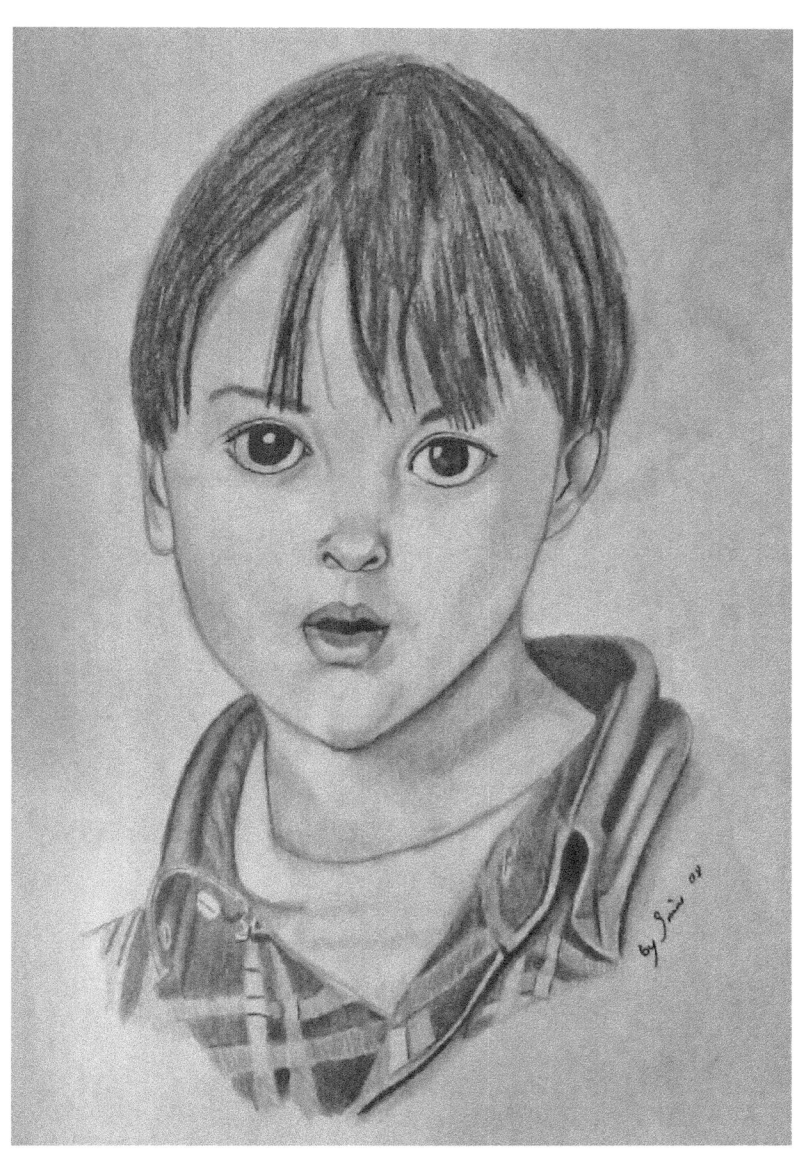

J. D. Hillberry

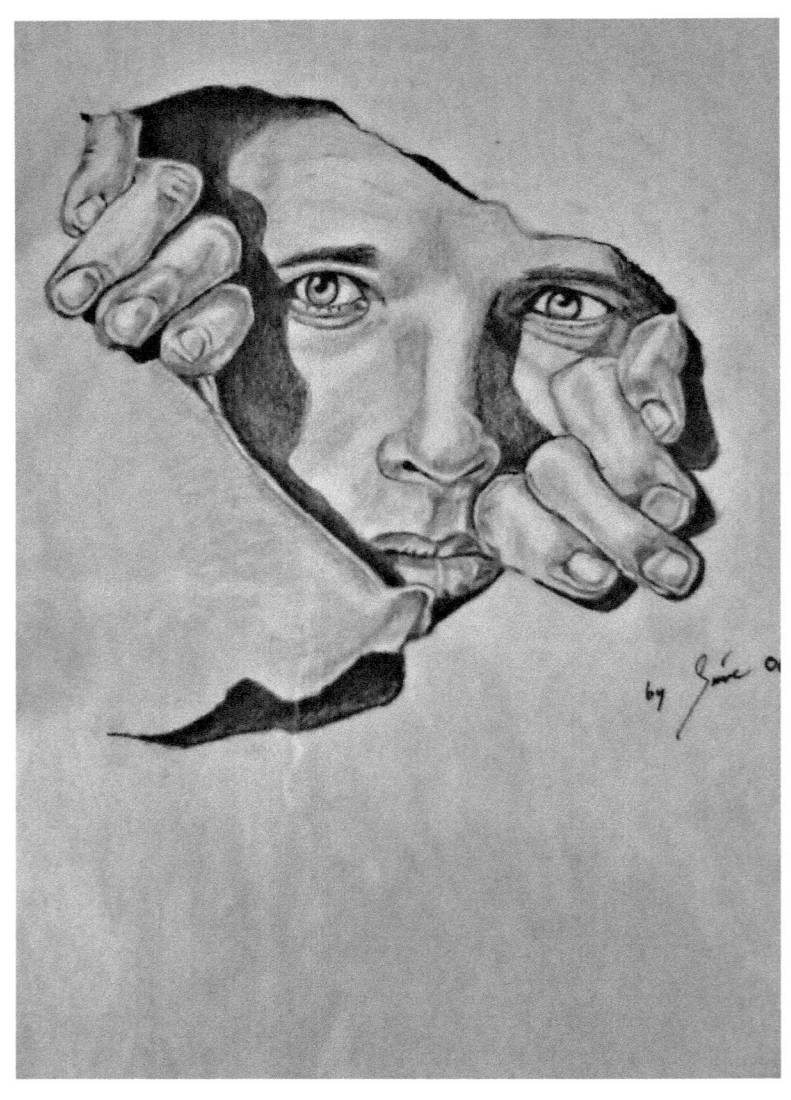

Gesicht

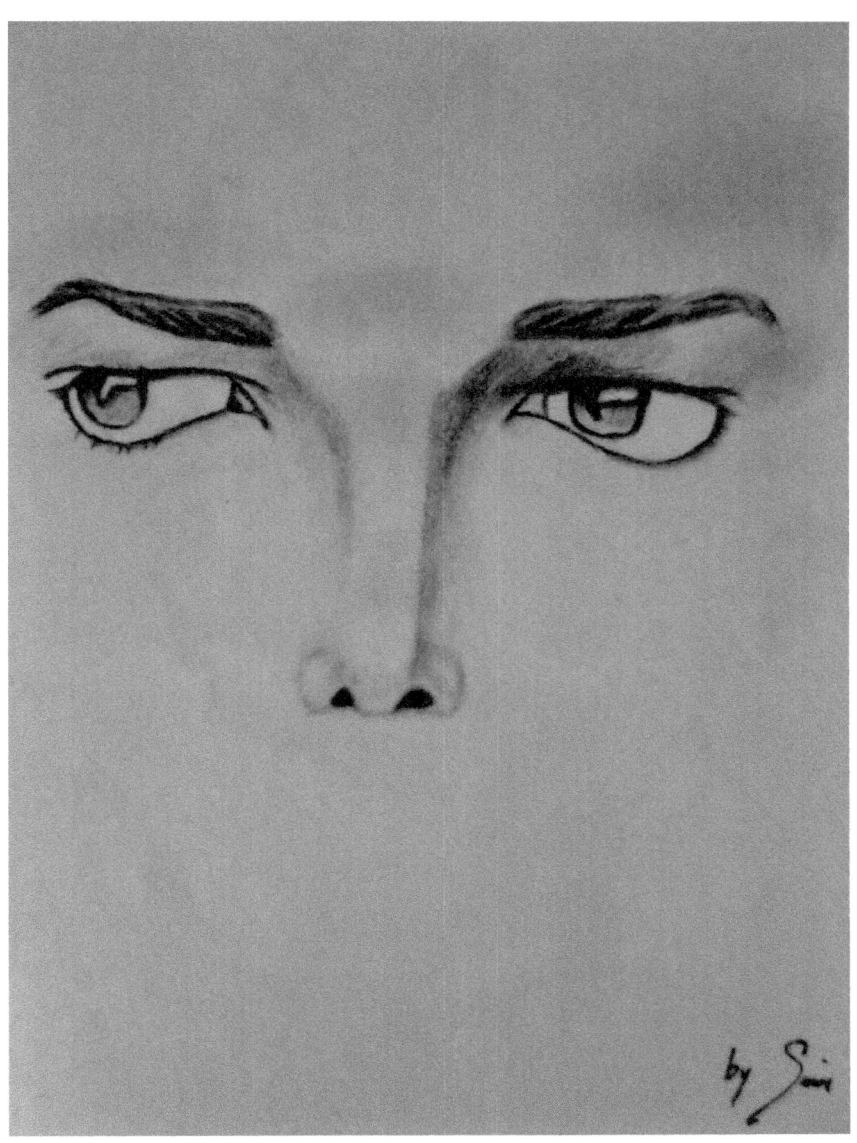

Beduinenmädchen

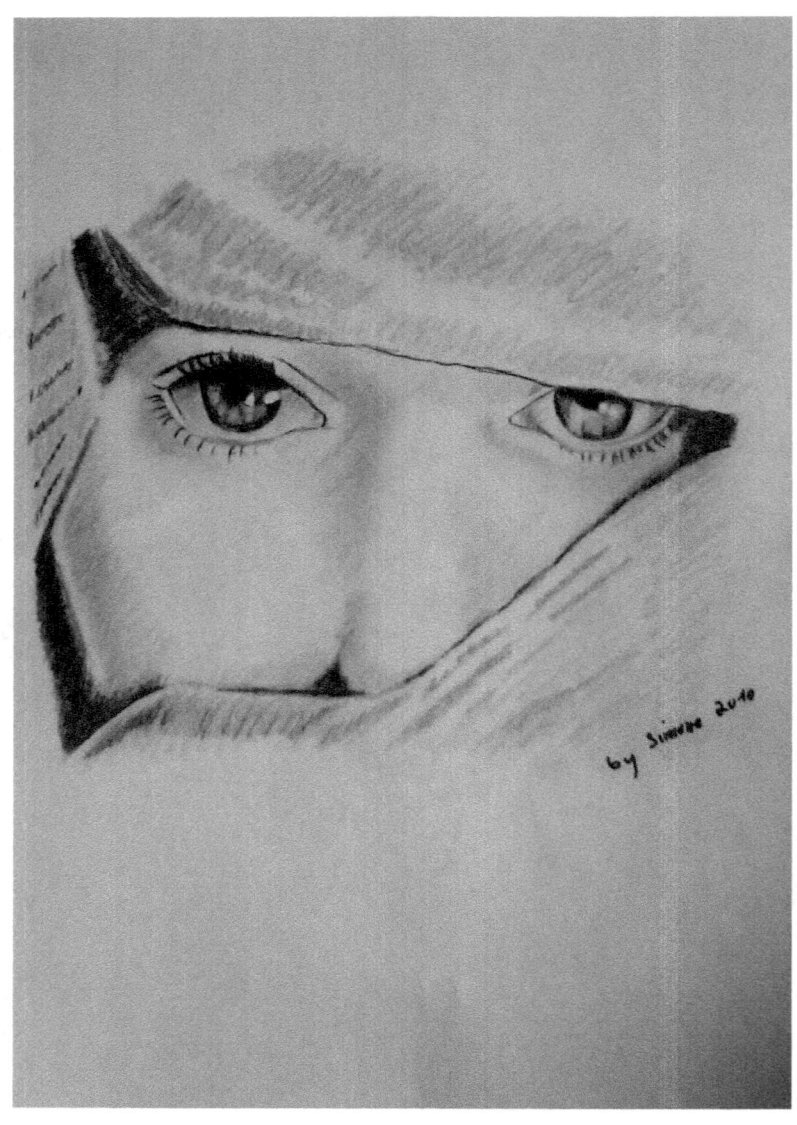

Karim; Sohn der Wüste

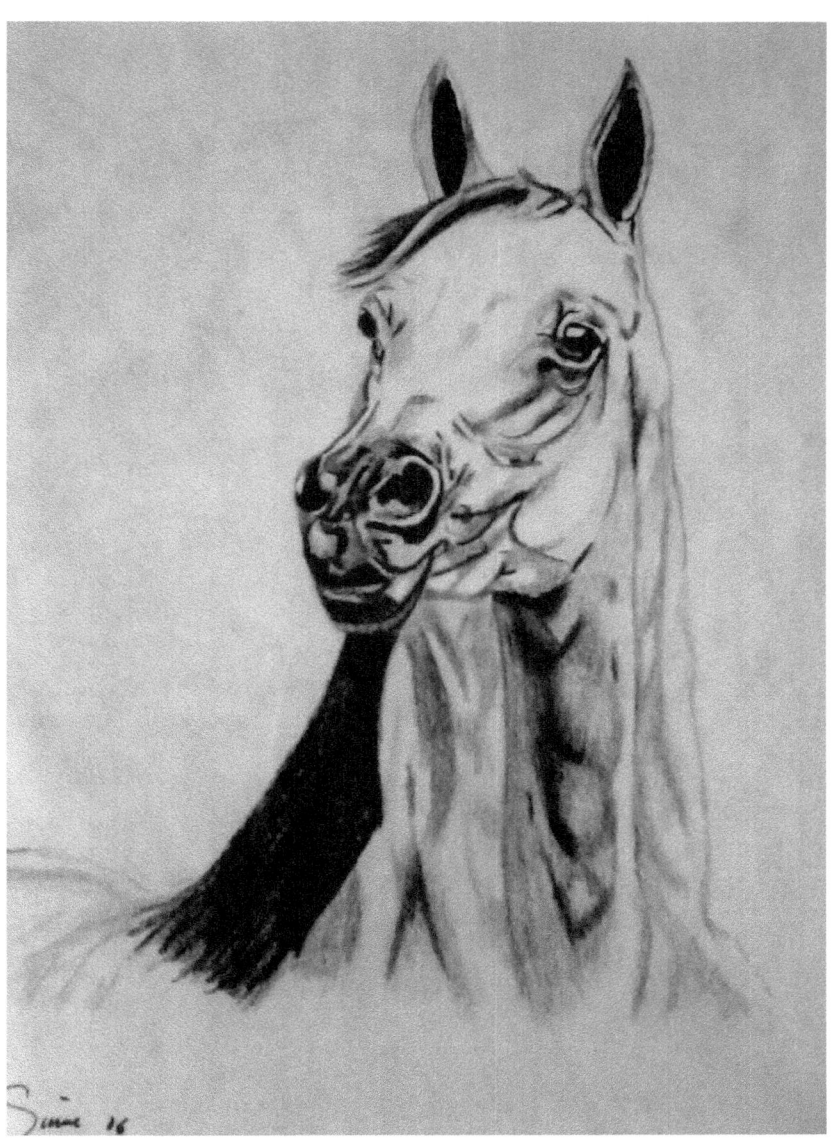

Araber

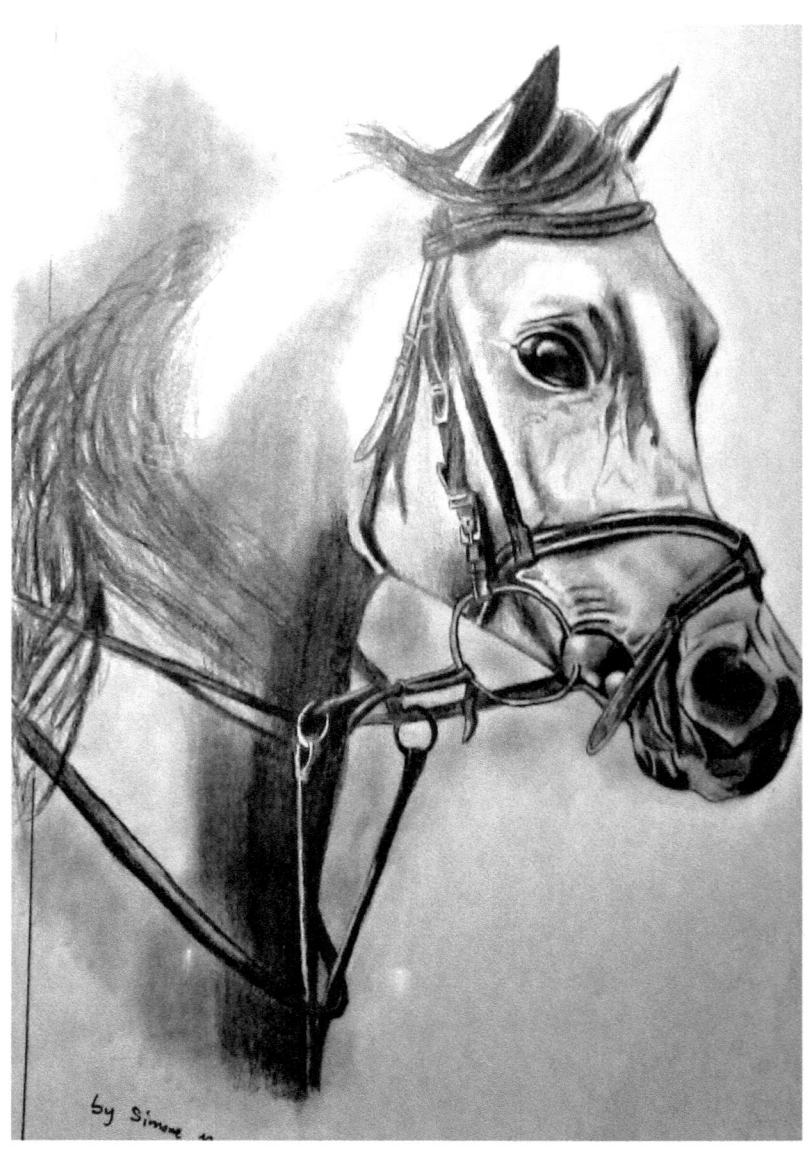

by Simone

Tiger

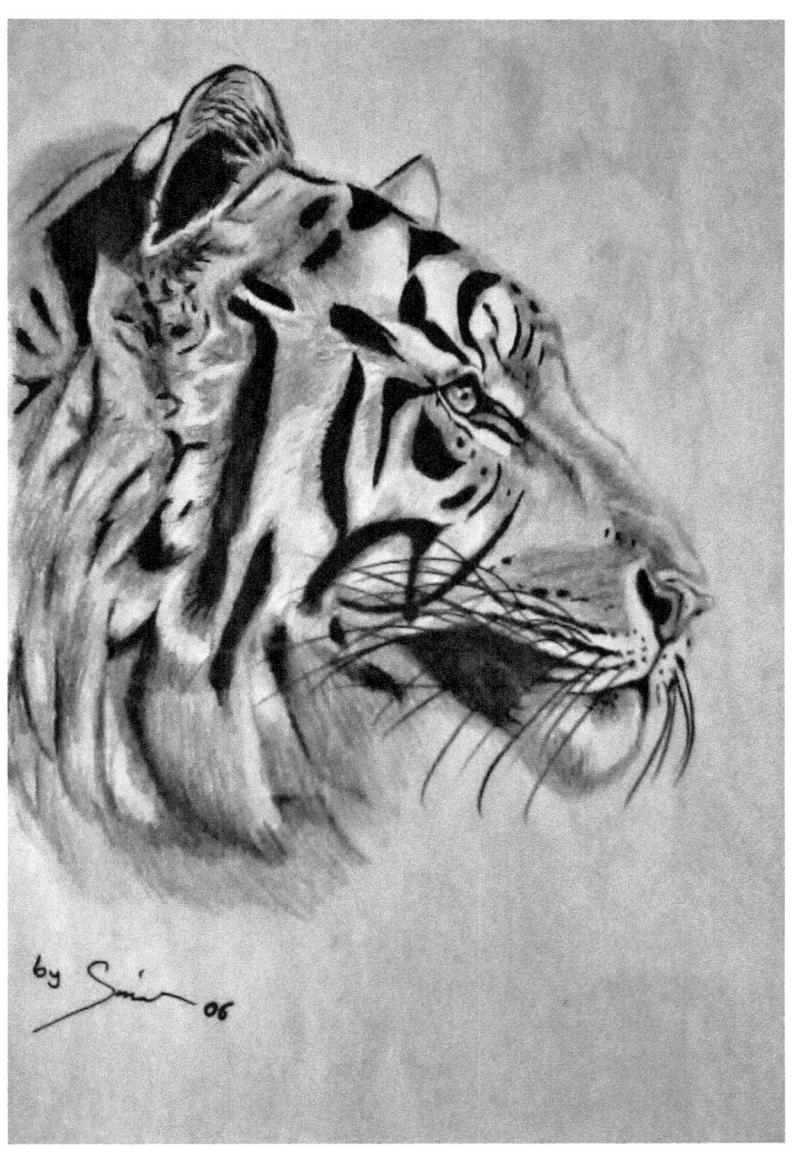

Seal -Das Robbenbaby

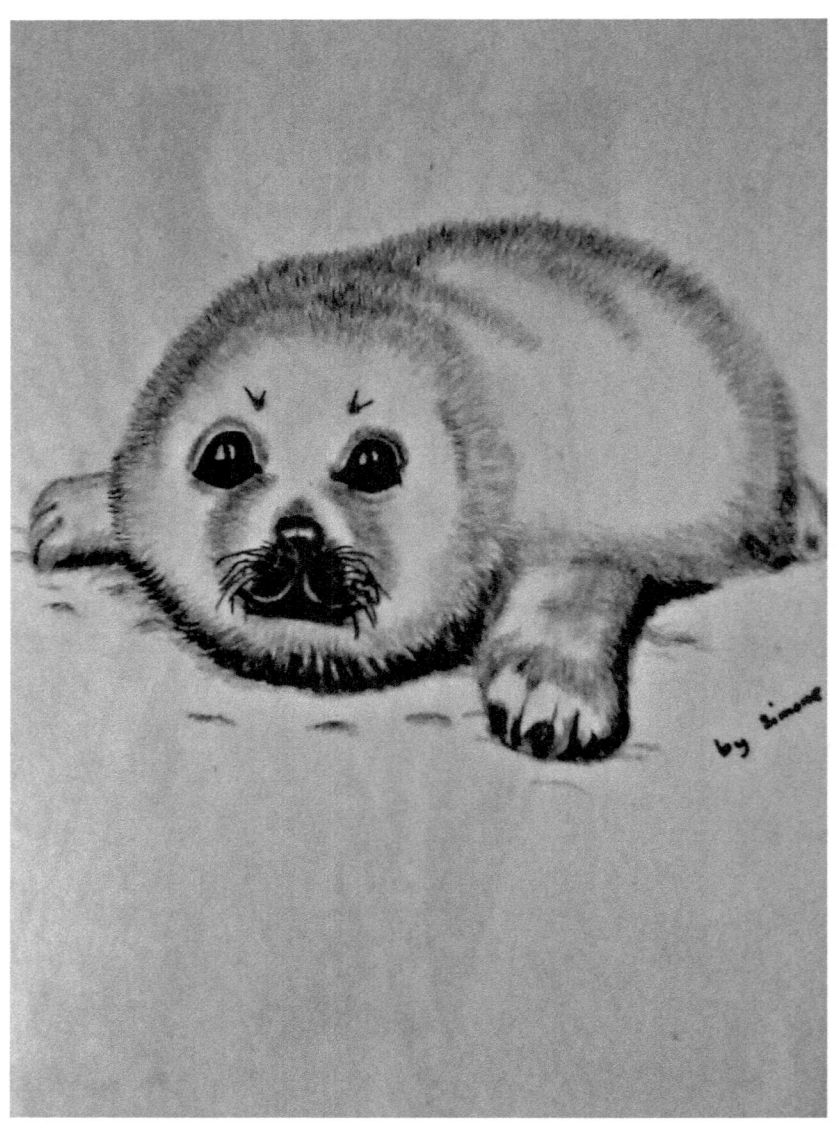

Kleiner Wildfang

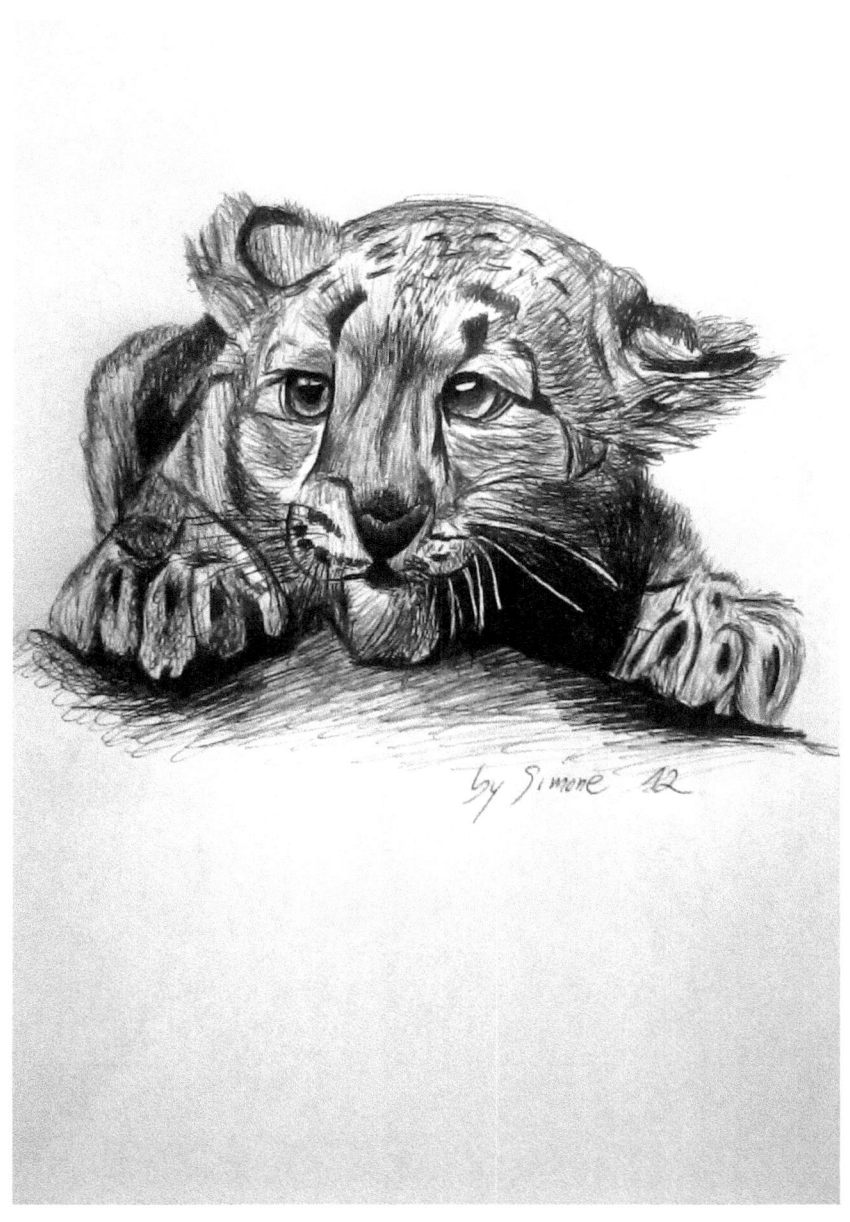

Araberhengst

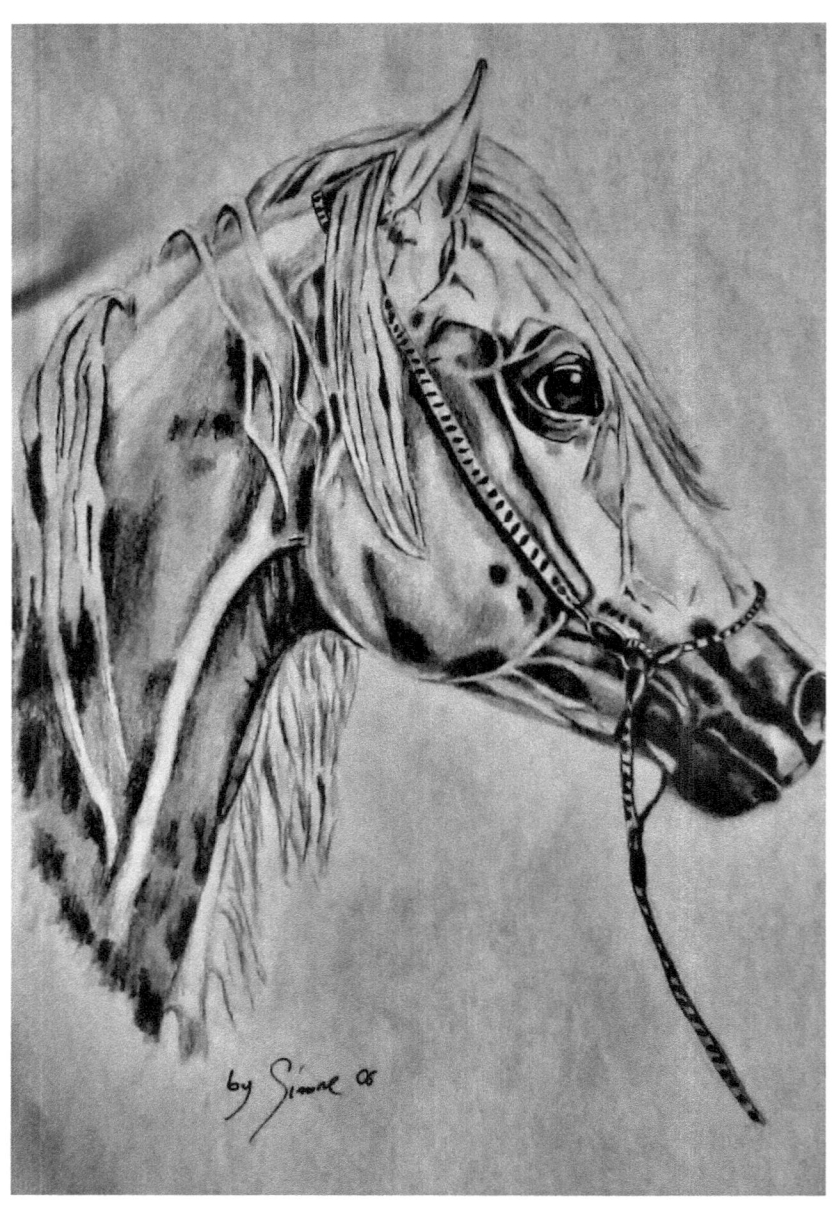

by Simone 05

Schimmel

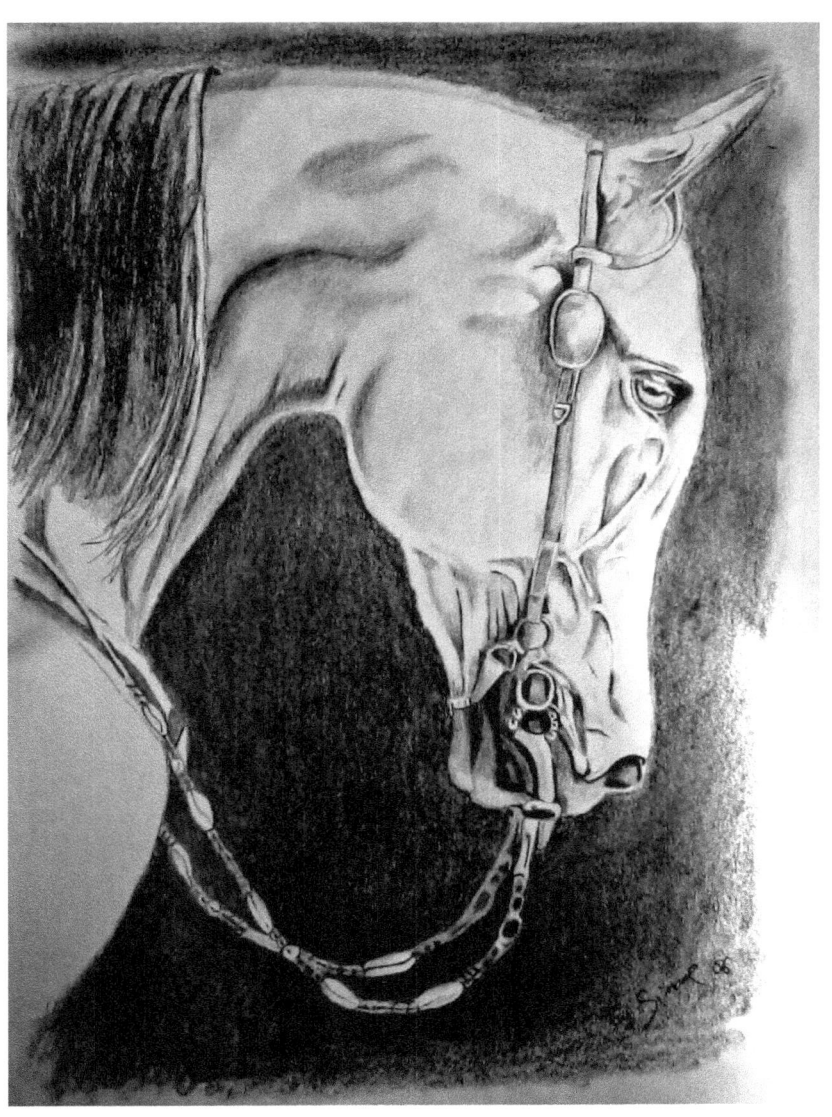

Scheue Araberstute

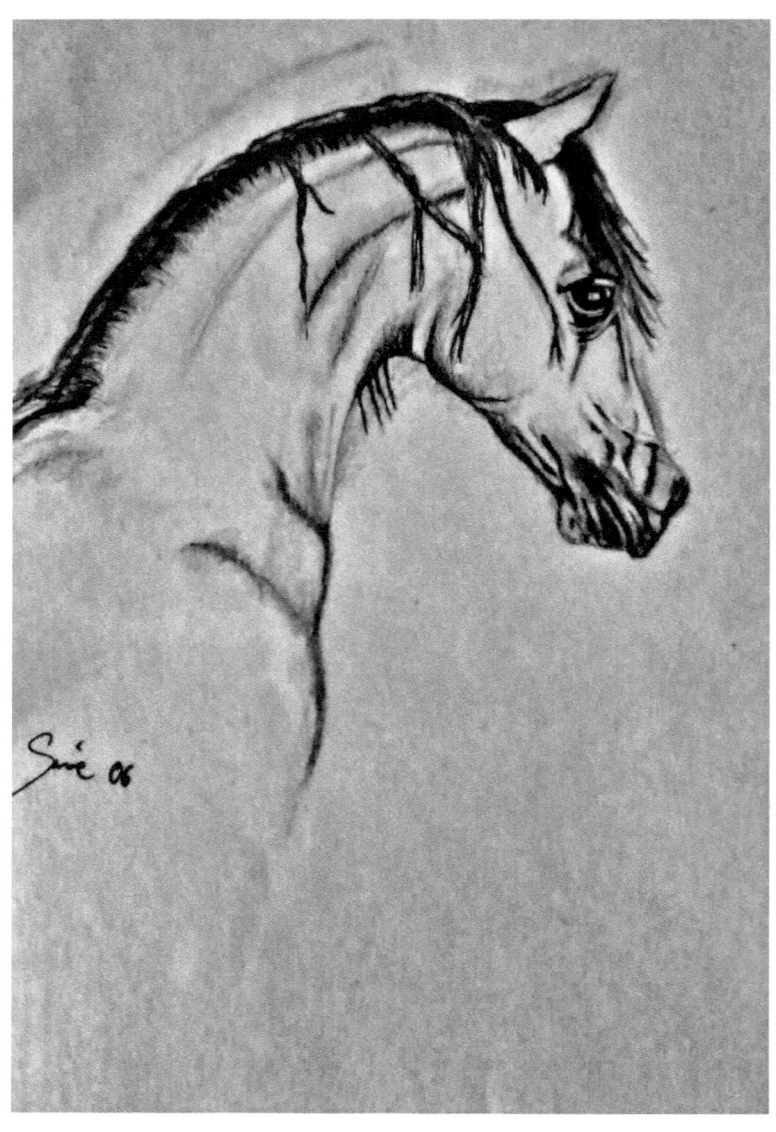

Falke

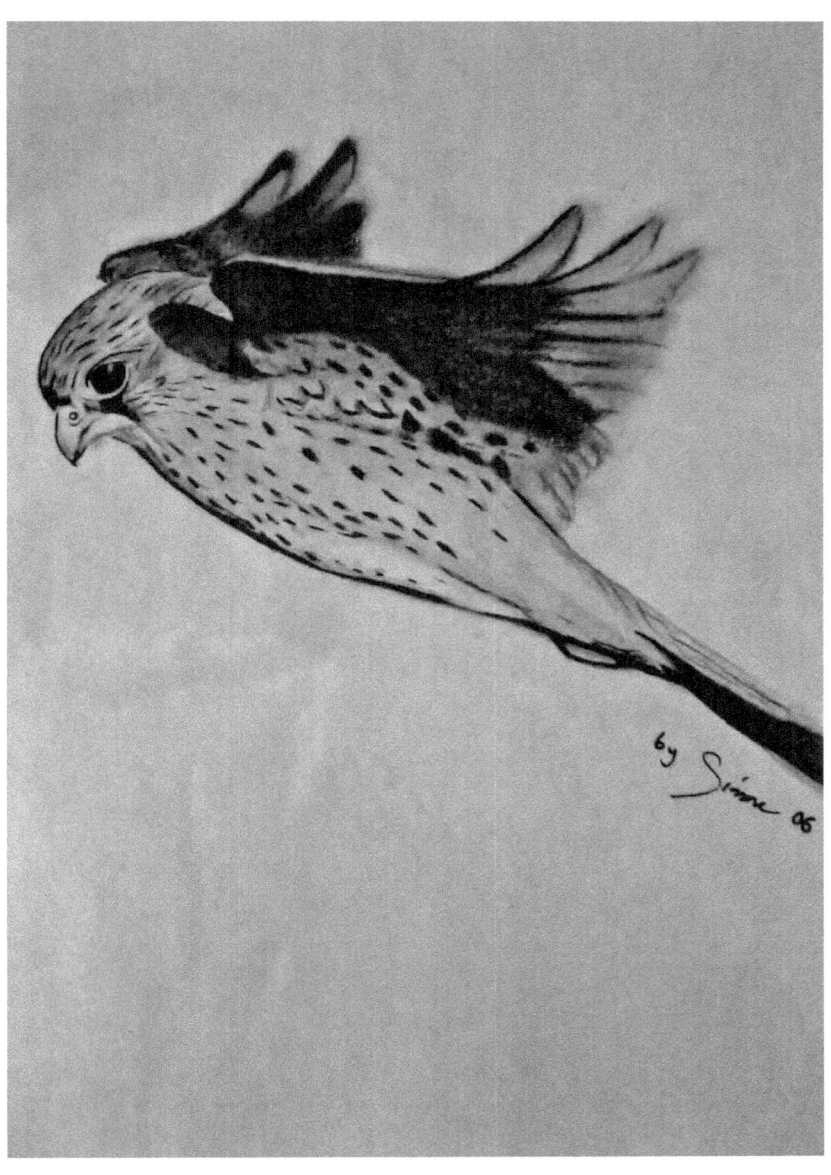

Tigerangriff

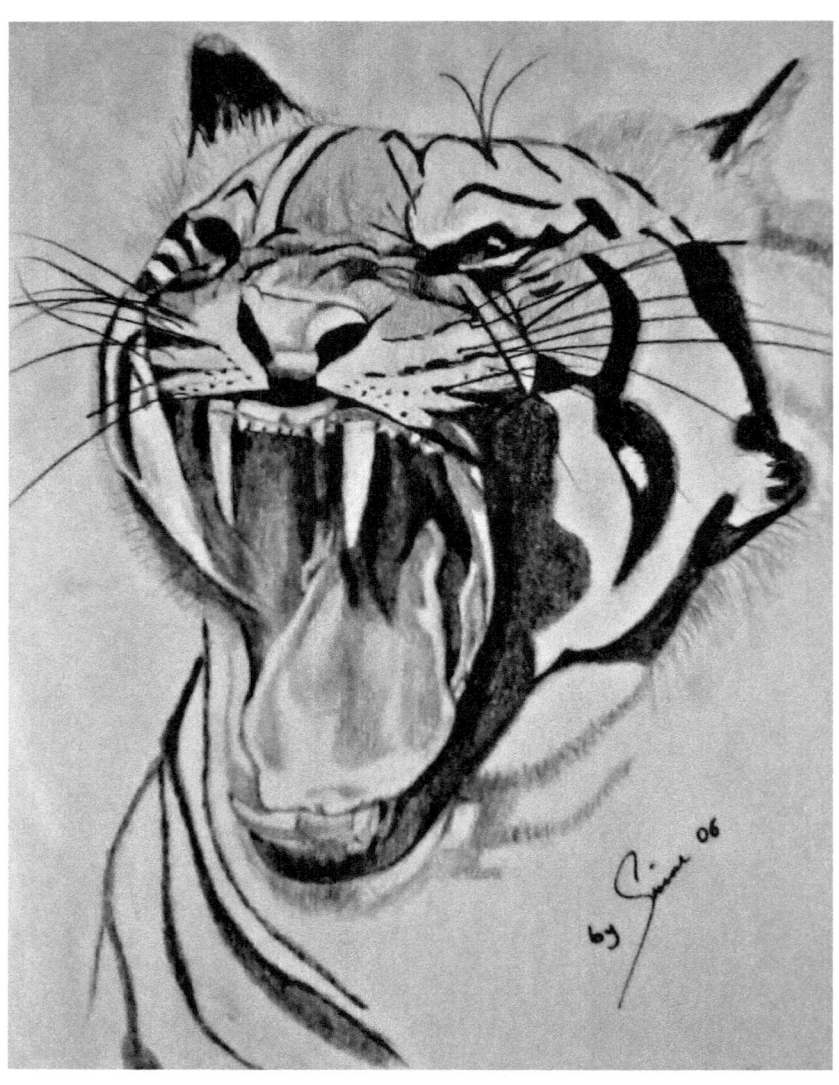

Ozelotbaby

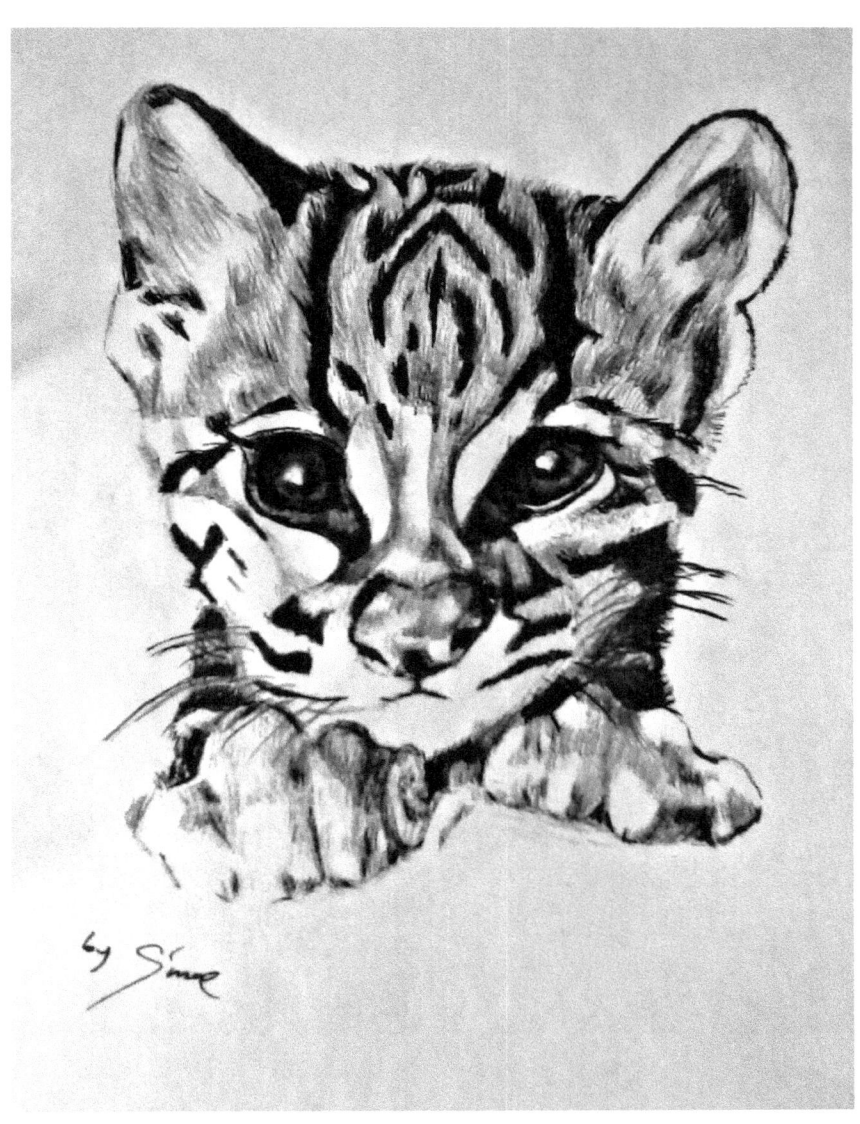

by Simon

Weißkopfseeadler

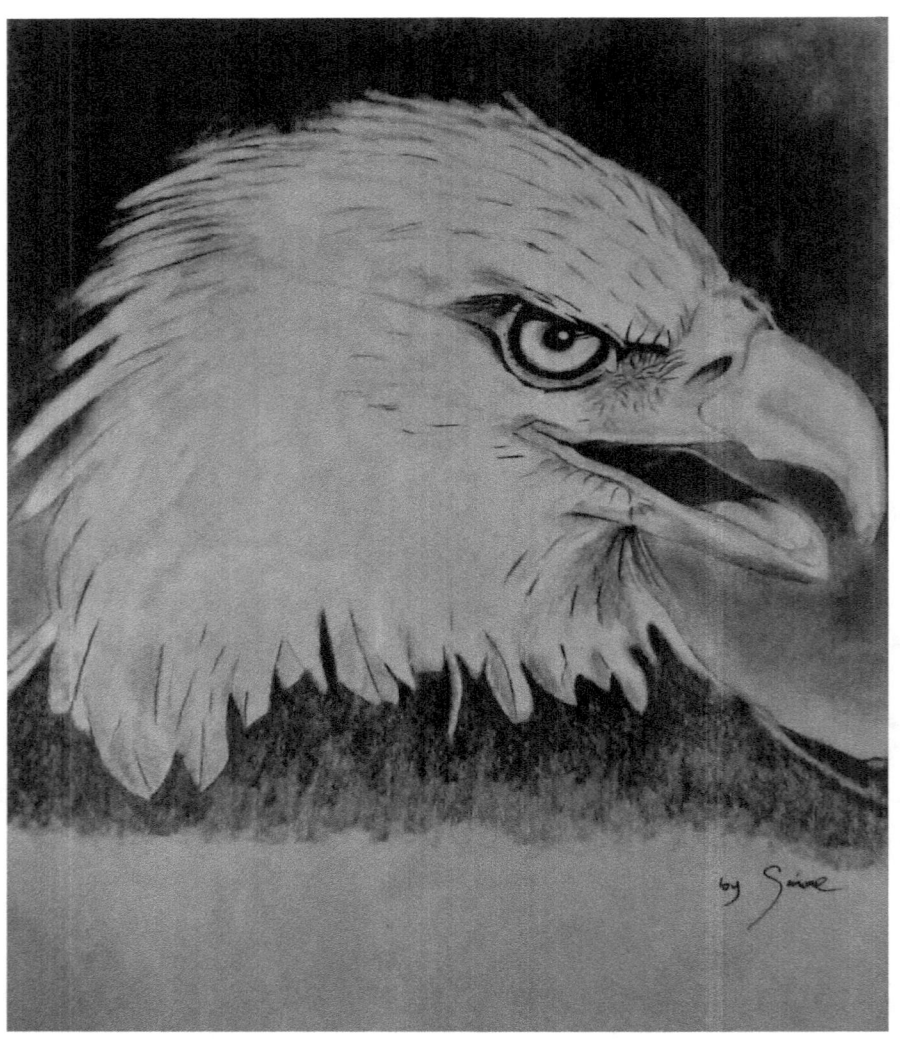

Weißkopfseeadler-Pärchen

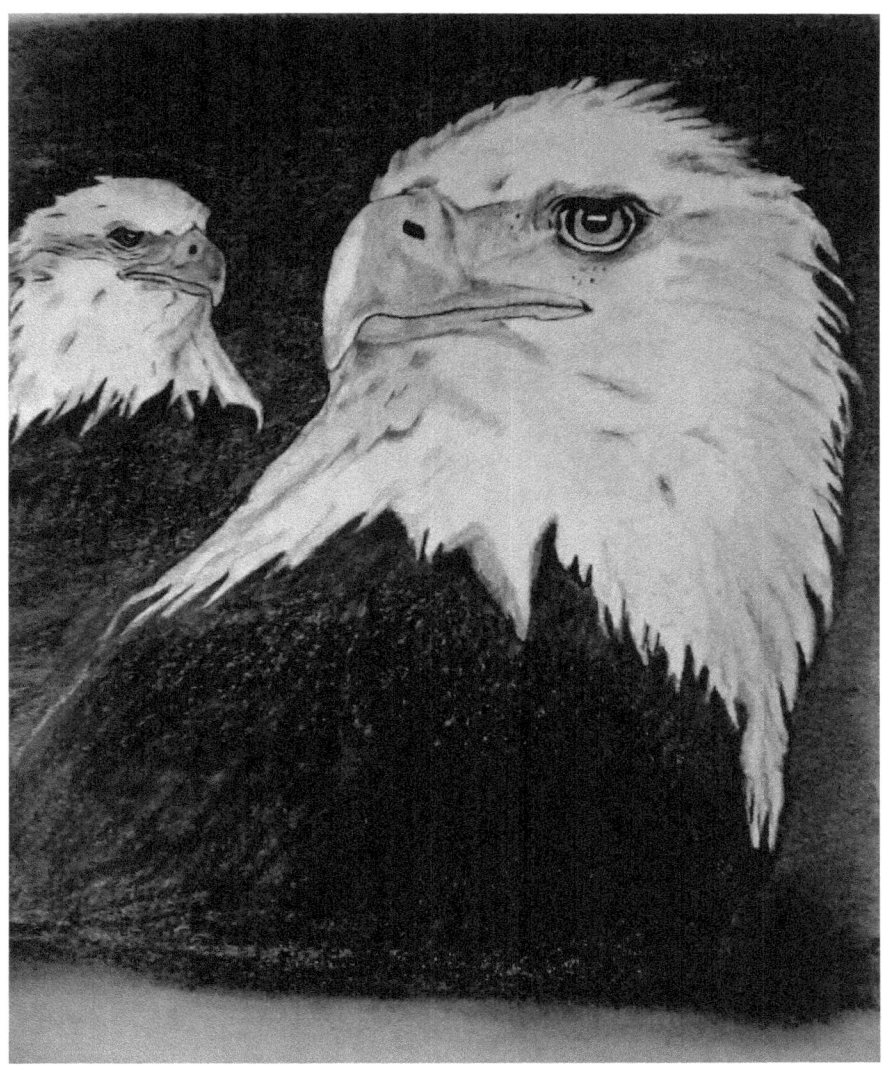

Junger Adler

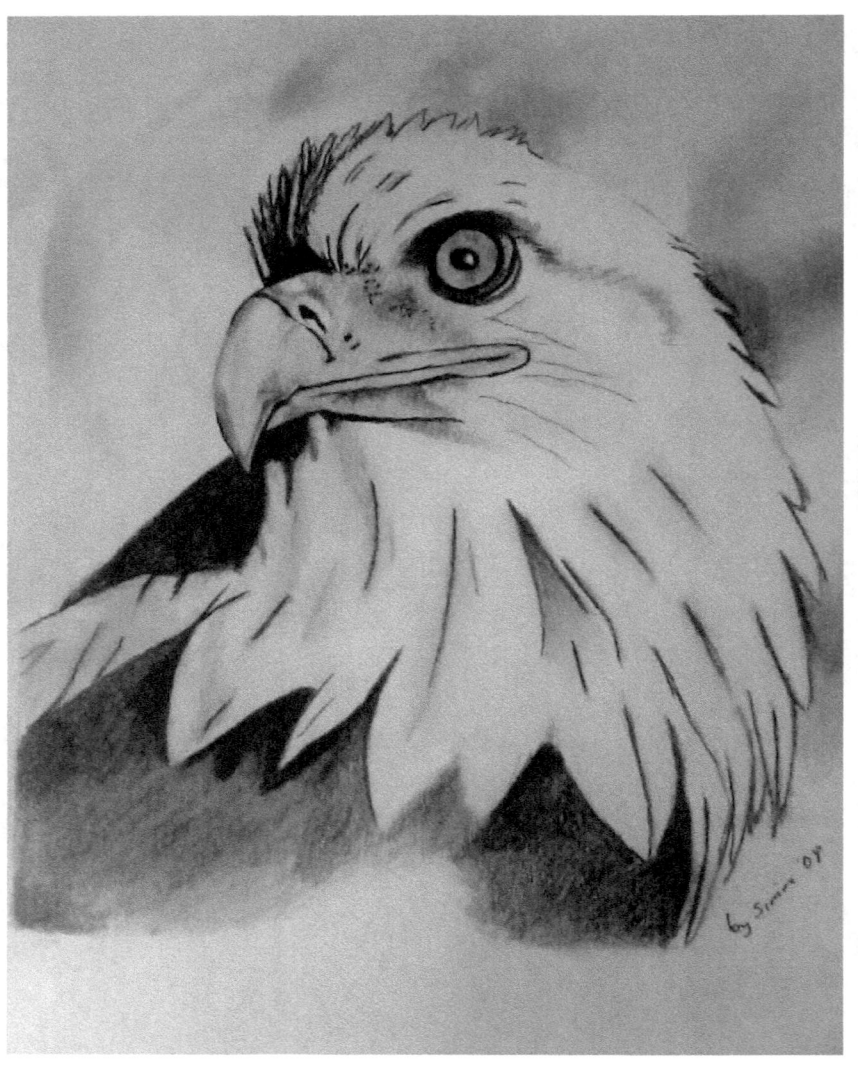

Schneeleopard

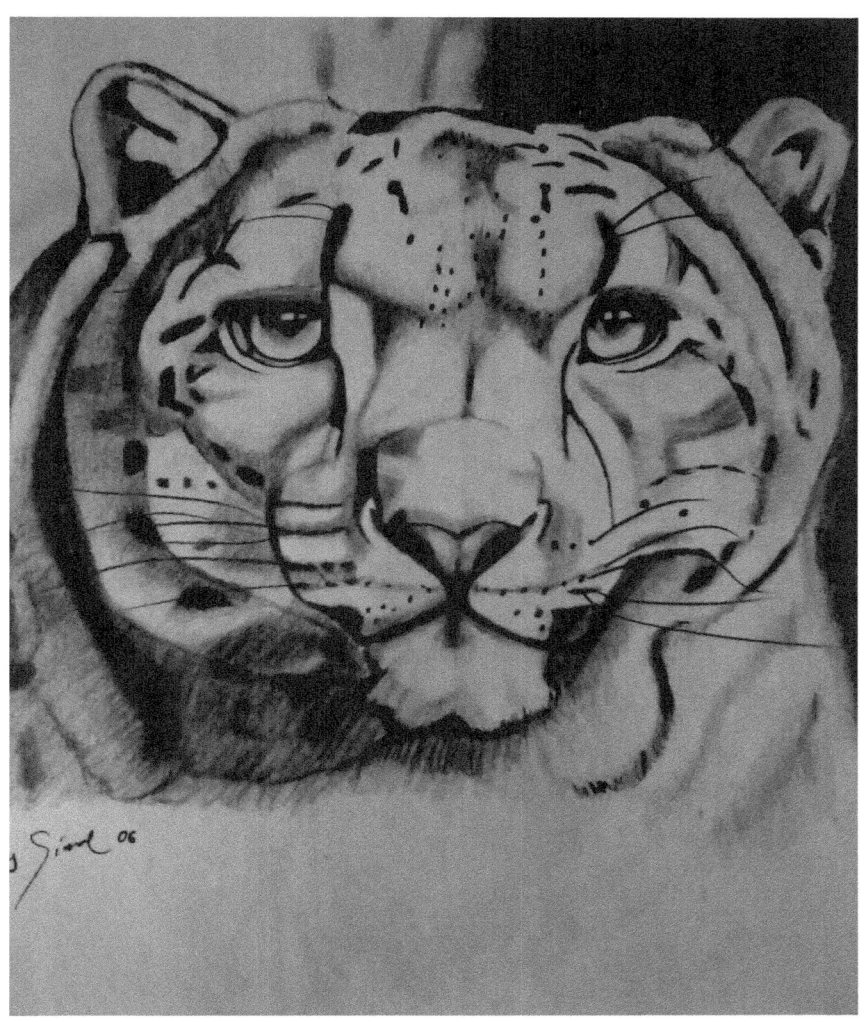

Kranich

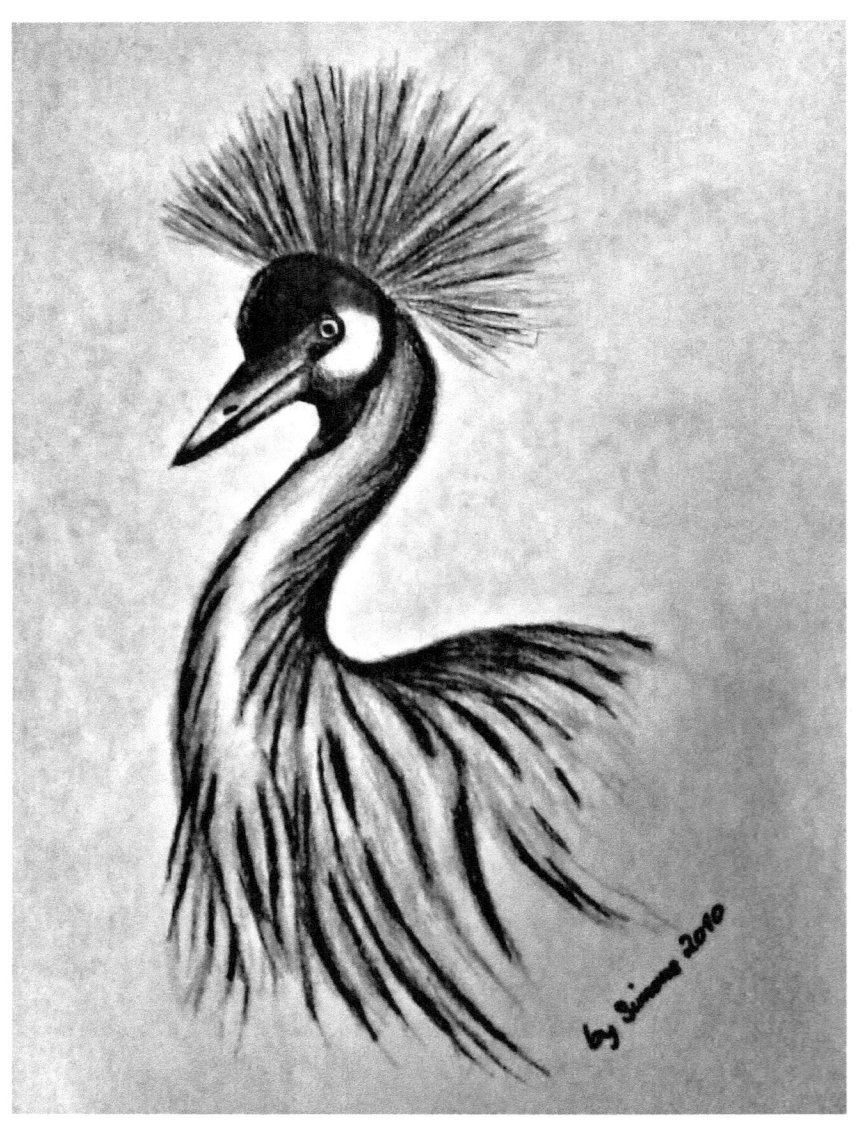

Käfer

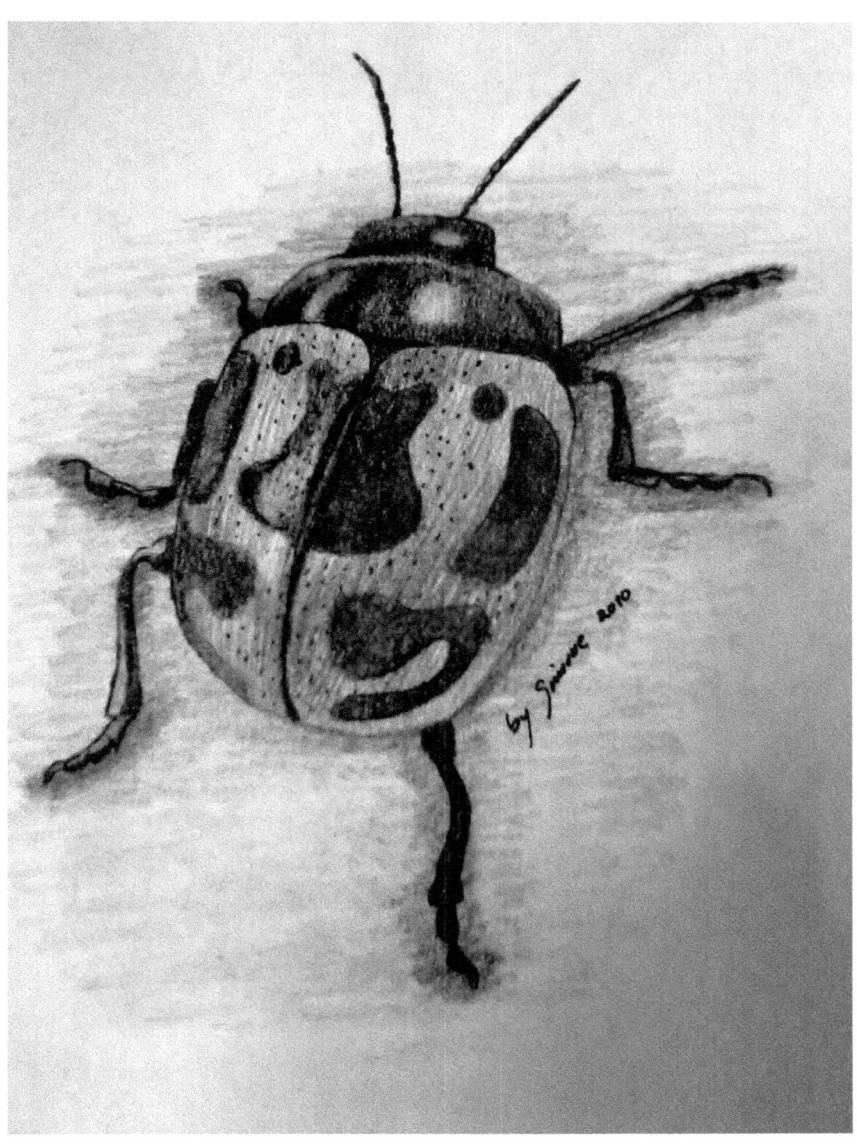

Schmetterling

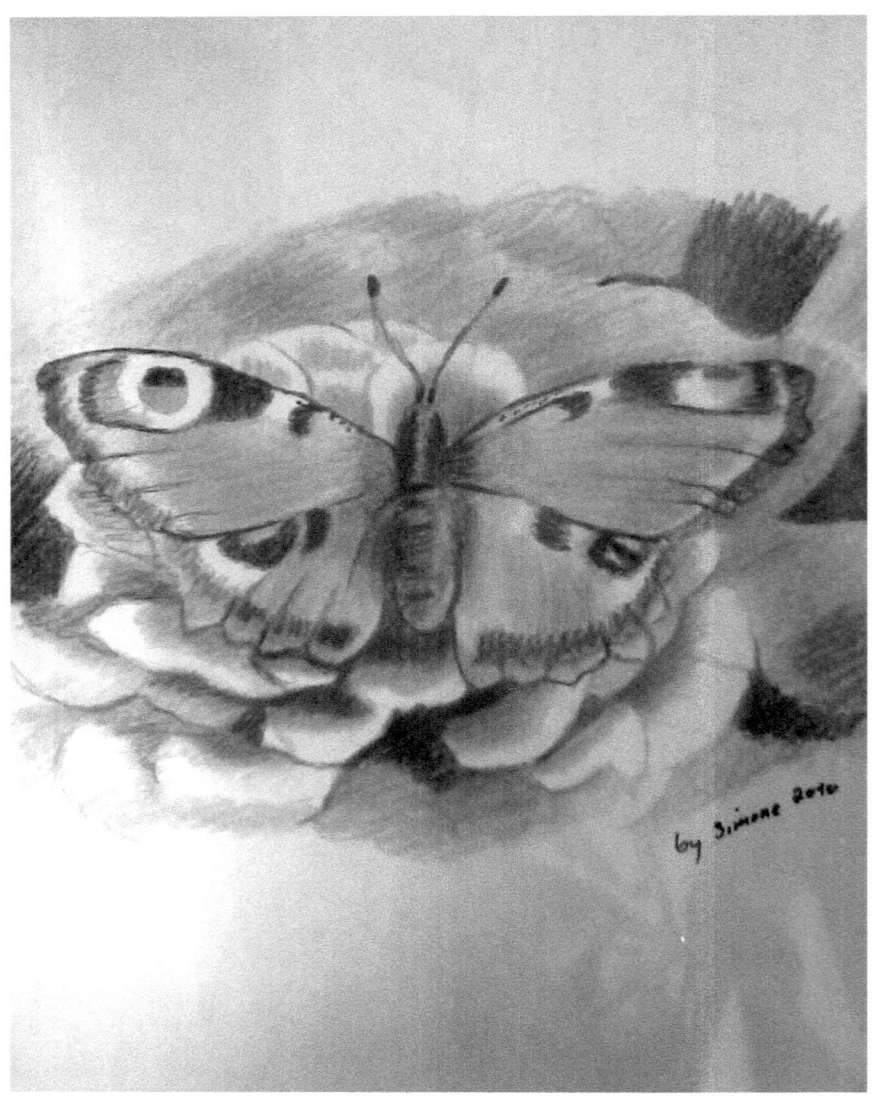

Baseball

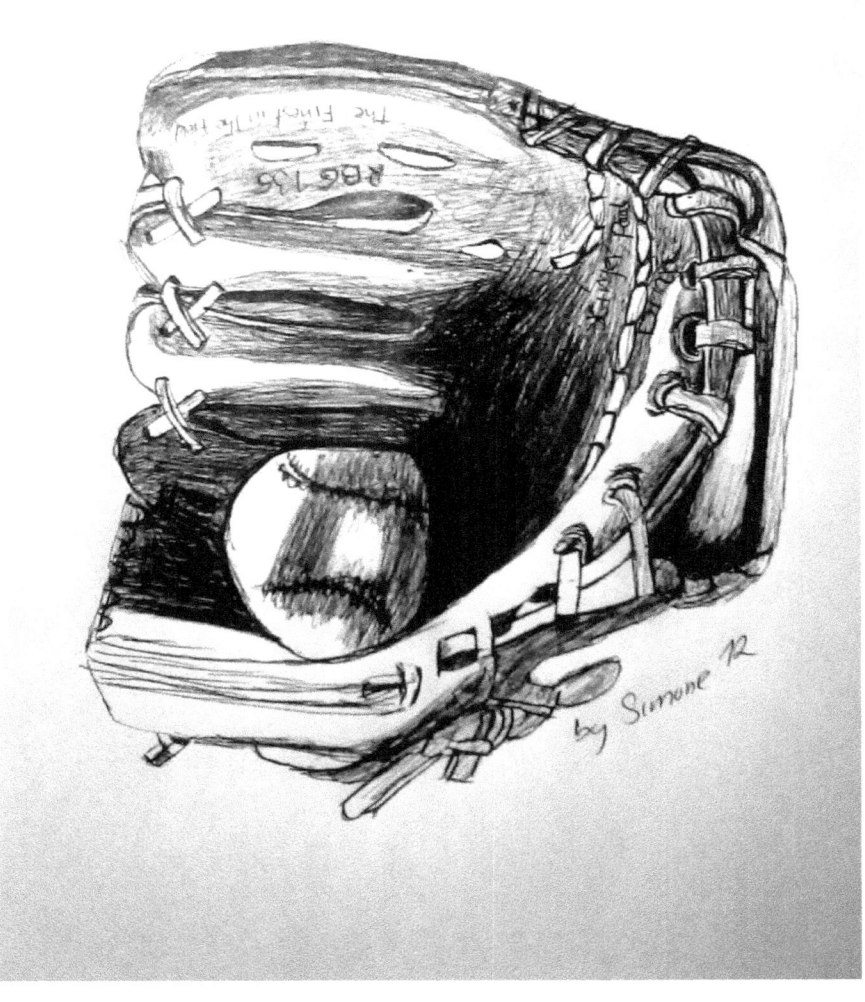

by Simone 12

Die Faust

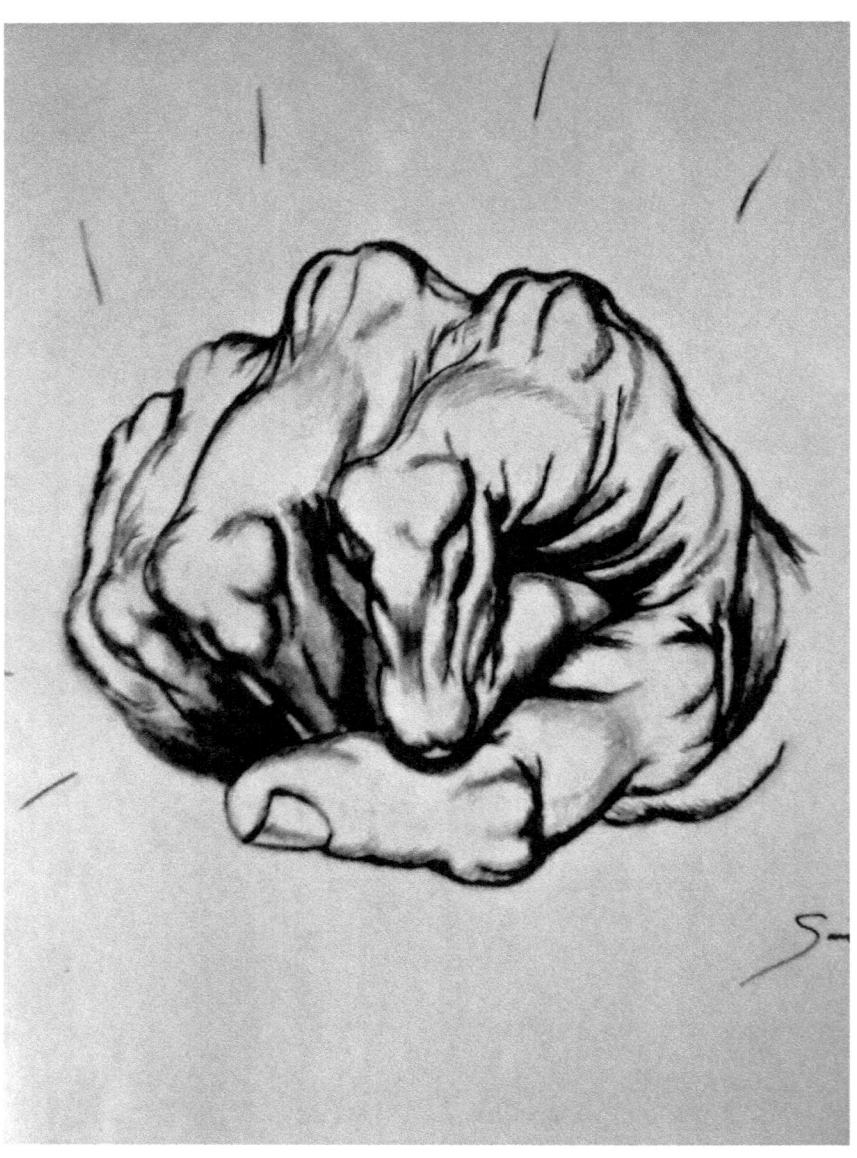

Magische Augen

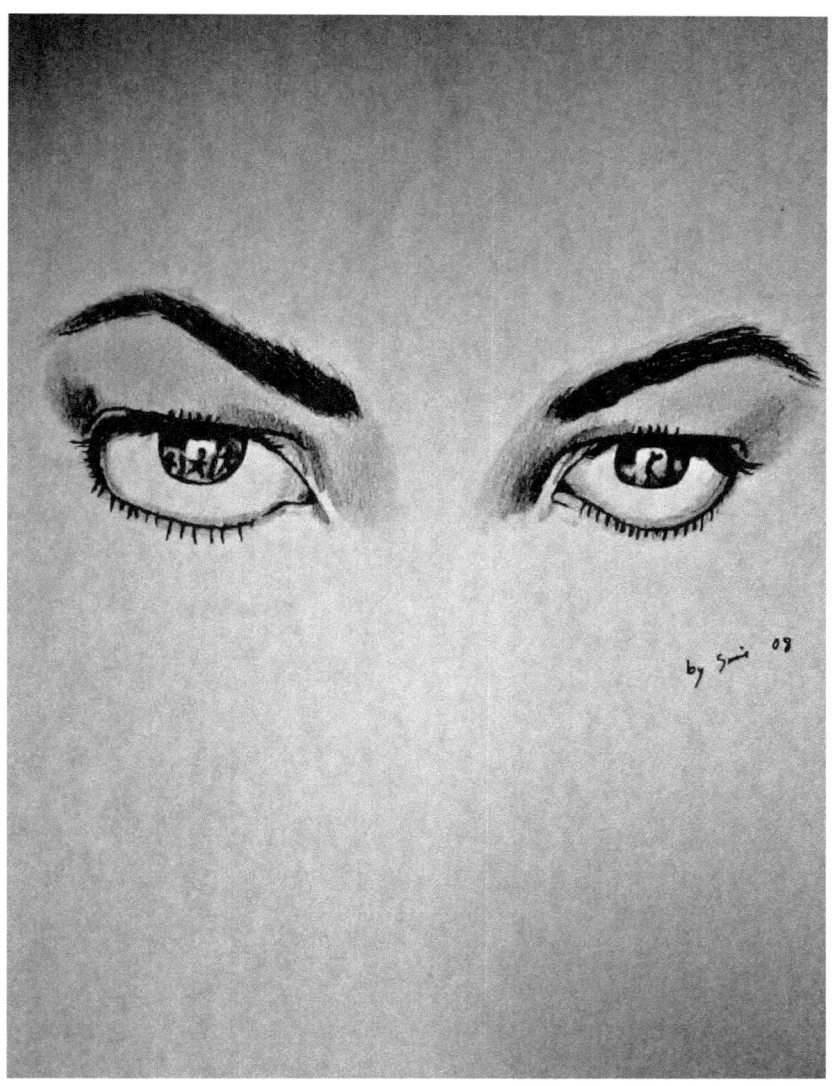

Body

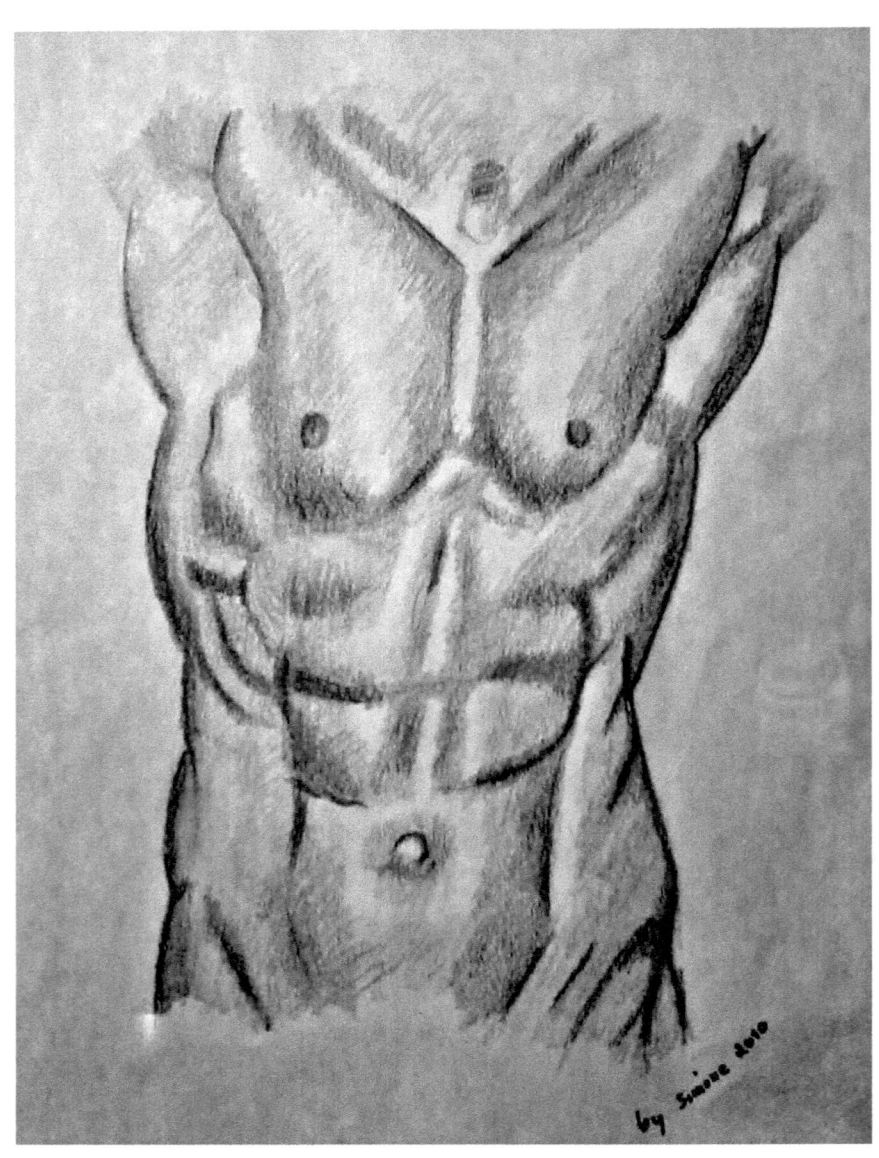

Tuch

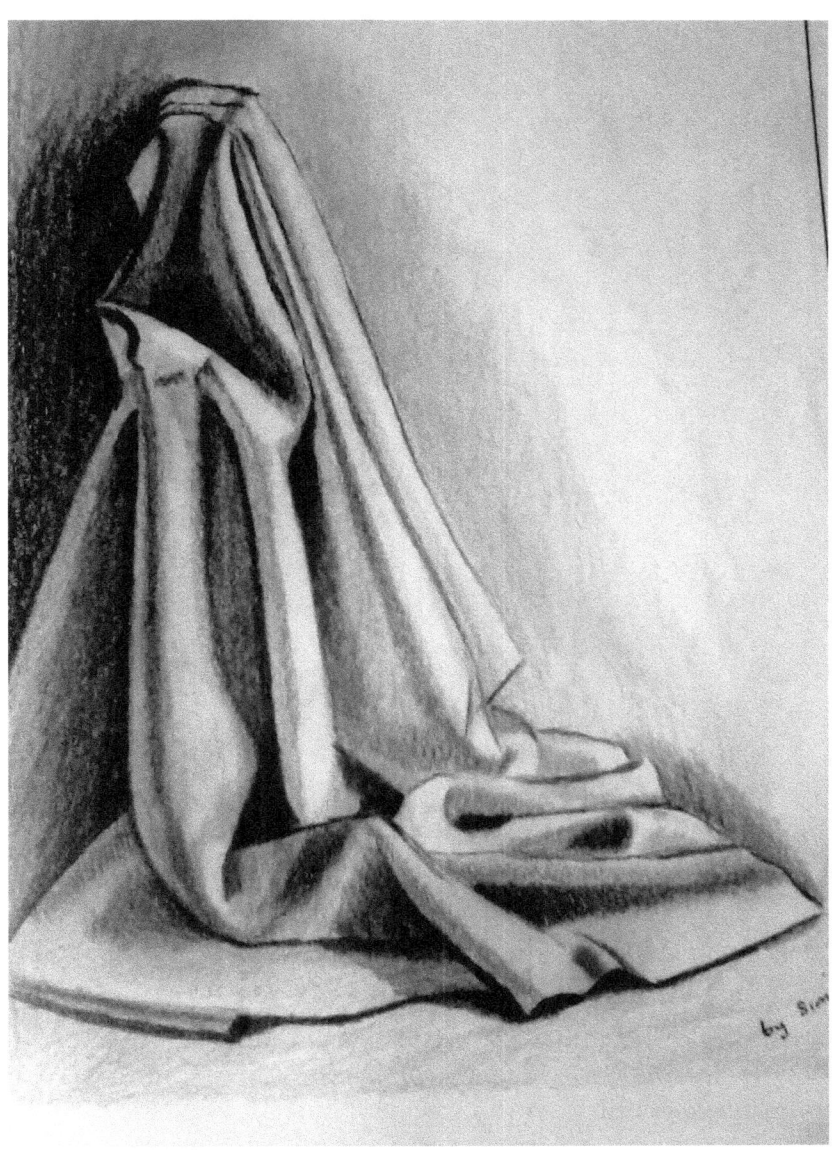

www.ingramcontent.com/pod-product-compliance
Lightning Source LLC
Chambersburg PA
CBHW071554170526
45166CB00004B/1670